TOASTS

PORTÉS AU BANQUET

Donné par M. J.-F. Cail, le 25 avril 1869

A SES COLLABORATEURS,

AUX DÉLÉGUÉS DES OUVRIERS DE SES ATELIERS, ET A SES AMIS

A L'OCCASION DE SES NOMINATIONS

AU GRADE DE

COMMANDEUR DU MEDJIDIÉ

Par S. A. le Khedive d'Egypte

ET A CELUI

D'OFFICIER DE L'ORDRE DE LÉOPOLD

Par S. M. le Roi des Belges.

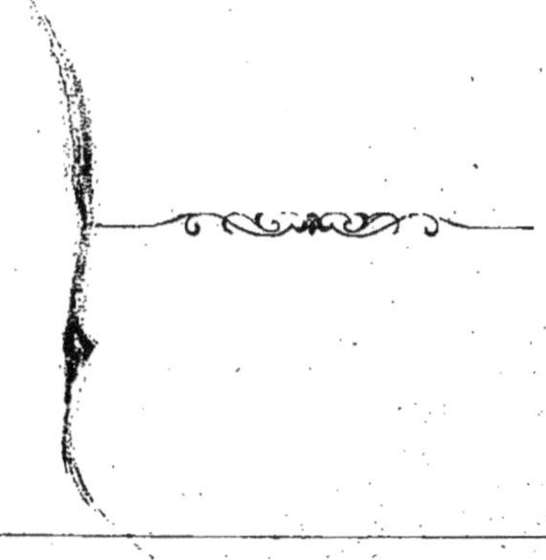

A M ________________________________

BANQUET

DU 25 AVRIL 1869

PARIS. — Imprimé chez Jules BONAVENTURE
quai des Grands-Augustins, 55.

TOASTS

PORTÉS AU BANQUET

Donné par *M. J.-F. Cail, le 25 avril 1869*

A SES COLLABORATEURS,

AUX DÉLÉGUÉS DES OUVRIERS DE SES ATELIERS, ET A SES AMIS

A L'OCCASION DE SES NOMINATIONS

AU GRADE DE

COMMANDEUR DU MEDJIDIÉ

Par S. A. le Khedive d'Egypte

ET A CELUI

D'OFFICIER DE L'ORDRE DE LÉOPOLD

Par S. M. le Roi des Belges.

PARIS

IMPRIMERIE JULES BONAVENTURE

QUAI DES GRANDS-AUGUSTINS, 55

1869

BANQUET

DONNÉ AU GRAND HOTEL

BANQUET DU 25 AVRIL 1869

AU GRAND HOTEL

Ce banquet était offert à ses collaborateurs, aux délégués de ses ateliers, et à ses amis par Monsieur J.-F. Cail, à l'occasion de ses récentes nominations aux grades de commandeur de l'ordre du Medjidié et d'officier de l'ordre de Léopold.

Les ouvriers et employés des usines Cail s'étaient cotisés pour offrir à leur chef les insignes de ses nouvelles décorations, et les succursales de Denain, Douai, Valenciennes et Bruxelles avaient envoyé leurs représentants à cette fête de famille.

Parmi les convives on remarquait : MM. le général Allard, président de section au Conseil d'État ; Gaudin, conseiller d'État ; Ancel, David, de Corberon, membres du Corps législatif ; Devinck, Germain Thibaut, membres du Conseil municipal ; de Lormel, gouverneur de la Guadeloupe ; Rufz de Lavyson, délégué de la Martinique ; Mas de Tournis, délégué de la Réunion ; Baron Aymé de la Chévrelières, membre du Conseil général des Deux-Sèvres ; Poncelet, ingénieur en chef de l'État en Belgique ; Bastin, chancelier de la légation belge ; de Montalvo, propriétaire à Cuba, etc. , etc.

Les toasts suivants ont été portés et accueillis par d'unanimes et chaleureux applaudissements.

2

TOAST DE M. J.-F. GAIL

Permettez-moi, Messieurs, avant de clore cette fête de famille, de témoigner d'abord ma profonde gratitude aux souverains qui viennent de donner, en ma personne, à la grande industrie française une nouvelle marque de haute estime et de distinction particulière.

Si je ressens quelque fierté de ces témoignages, c'est plus encore comme Français que comme homme.

Laissez-moi en reporter l'honneur, d'abord à mon pays natal, à ce village bien-aimé dont je suis parti humble et pauvre, mais où j'avais appris à être honnête et laborieux;

Puis au savant qui, à Paris, daigna m'accueillir, me faire son collaborateur, associer mon nom à son nom honoré, et me désigner ainsi d'avance comme son successeur à la confiance générale;

Ensuite aux collaborateurs qui se sont adjoints à moi, au plus laborieux de tous, à M. Cheilus, cette complète incarnation de l'intelligence et de l'ordre;

Aux nombreux ouvriers qui m'ont compris et me comprennent si bien tous les jours, et qui sont arrivés à donner à nos machines françaises la perfection de véritables œuvres d'art;

Enfin, au commerce parisien, dont les notables m'ont donné l'exemple de cette scrupuleuse probité qui est la meilleure des recommandations et que tous les commerçants et les industriels qui aspirent à représenter la France au dehors doivent, à leur exemple, prendre comme une inviolable loi ;

A eux tous une part, et une grande part, dans les récompenses qui me sont décernées.

Il en est de nos luttes commerciales et industrielles d'aujourd'hui, comme des luttes offensives et défensives d'autrefois.

En paix, comme en guerre, quand un régiment tout entier s'est signalé, on ne peut en décorer chaque soldat.

Voilà pourquoi souvent — et ici une fois de plus — on en décore le drapeau.

A tous mes collaborateurs !

TOAST DE M. CHEILUS

MESSIEURS,

Je remercie cordialement M. J.-F. Cail de vouloir bien associer mon nom aux nouvelles distinctions qui viennent de lui être décernées ; mais ces récompenses, personnellement accordées, lui reviennent bien légitimement : car son nom est le symbole du mérite, uni à une ardente persévérance et à l'amour du travail.

J'ai été heureux d'entendre M. Cail invoquer dans cette fête le nom vénéré de M. Ch. Derosne, premier initiateur de la Maison, qui, d'un point de départ d'abord très-modeste, est devenue l'importante exploitation qui existe aujourd'hui.

C'est avec bonheur et dévouement, quant à moi, qu'à divers titres j'ai marché, avec l'un et l'autre, dans cette voie de développement, et que je viens aujourd'hui, comme le plus ancien ami et comme associé de M. Cail, réclamer d'être le premier interprète des sentiments de tous les membres de la grande famille composant la maison Cail.

C'est donc tant en mon nom qu'au nom de tout le nombreux personnel d'ouvriers, contre-maîtres, employés et chefs de service qui ont tenu à honneur d'offrir à M. Cail les insignes des nouvelles distinctions dont il vient d'être récompensé, que je viens porter :

A Monsieur Jean-François Cail, un chaleureux toast.

TOAST DE M. HALOT

Français de naissance, mais fils adoptif de la Belgique, j'applaudis de toutes mes forces aux paroles de gratitude que notre chef, M. Cail, vient d'adresser au souverain sous la garde duquel la Belgique a placé ses vieilles libertés.

Ses paroles auront de l'écho au delà de Quiévrain.

Le télégraphe les reportera à nos ouvriers de Bruxelles, qui regrettent de n'être ici que de cœur.

La récompense accordée aujourd'hui à notre maison, en la personne de son chef, et dont chacun de nous est plus heureux peut-être que si elle lui avait été accordée personnellement, est un motif de plus pour nous tous de nous efforcer grandir encore dans l'estime publique.

Modeste à ses débuts, si la maison Cail est devenue l'une des premières du monde, ce n'est pas seulement à l'honorabilité de son fondateur et de son chef actuel qu'elle le doit.

C'est surtout à ce que, dès le premier jour, elle s'est signalée par une persévérante volonté de tirer chaque industrie à laquelle elle a touché des vieilles ornières de l'empirisme et de la routine ; c'est surtout parce qu'elle a pris à tâche de vivifier les théories scientifiques, en en faisant sortir des procédés ingénieux qui parfois ont, d'une façon inattendue, élargi les théories elles-mêmes. C'est enfin — qu'il me soit permis d'en revendiquer mon faible lot de responsabilité et d'honneur — parce que, l'une des premières, elle a renoncé à ces maximes d'exclusivisme national qui faisaient dire aux chefs industriels : « Chacun pour soi, chacun chez soi. »

Les progrès réalisés chez lui, M. Cail les a portés partout, et, comme la France, la Belgique en a eu sa part.

Si, à propos des entreprises accomplies à l'étranger par sa maison, il a donné aux ateliers et aux ouvriers français tout ce qu'il était possible de leur assurer de labeur, il a, en même temps, fourni à nos ateliers belges l'occasion d'établir qu'ils pouvaient, pour certains produits spéciaux, lutter pacifiquement avec l'Angleterre, et la remplacer sur un terrain dont elle se croyait seule maîtresse. Conception heureuse, qui a rendu le travail solidaire dans les deux pays en les faisant, pour ainsi dire, complémentaires l'un de l'autre !

Ces faits sont des signes du temps.

Nous marchons à grands pas vers l'heure où les diverses patries, tout en sauvegardant fièrement leur indépendance, travailleront de plus en plus à établir, par leur concours, la grande unité humaine.

Cette heure, les savants la préparent, les poëtes la prophétisent, notre gloire comme industriels et comme ouvriers serait de contribuer à sa réalisation.

A la fraternité industrielle de la France et de la Belgique !

TOAST DE M. CH. BERNARD DEROSNE

Dans une réunion comme celle-ci, Messieurs, ne pas porter un toast à l'Empereur, au chef que la France a acclamé et auquel nous devons les dix-huit années de prospérité sans exemple qui vous ont permis de mener à bien tant de grandes entreprises, serait plus que de l'ingratitude.

A l'Empereur, à l'Impératrice, au Prince Impérial !

Et maintenant, Messieurs, permettez-moi de vous remercier, au nom de ma famille, des paroles que vous venez de consacrer à la mémoire de M. Charles Derosne, mon grand père.

Votre souvenir a trop de modestie, Monsieur, et si la vérité est que mon grand-père a fondé vos ateliers, ils ont grandi grâce à votre concours et à celui de votre éminent collaborateur ; mais il ne nous convient pas d'oublier, Monsieur, que pendant les jours néfastes de la révolution, et jusqu'au jour mémorable où le génie et l'initiative de l'Empereur vous ont permis de la développer dans des proportions inespérées, c'est à votre énergie, à votre juste confiance dans votre valeur que nous avons dû le salut total de l'œuvre que la mort de mon regretté grand-père venait de laisser inachevée.

Vos succès, les récompenses si méritées et si nombreuses qui vous ont été accordées, depuis vingt-cinq ans, sont don bien vôtres, et, je suis heureux de trouver une occasion de vous le dire, chacun des miens, envers lesquels vous vous êtes si grandement acquitté de la dette de reconnaissance contractée par vous envers M. Charles Derosne, en a été profondément touché.

A vous donc, Monsieur, et à vos dévoués collaborateurs, qui avez fait des établissements Derosne et Cail une des premières usines métallurgiques du monde !

TOAST DE M. JOUIN

Au nom des Colonies françaises.

Malgré l'éloignement de nos compatriotes de la Guadeloupe, je crois pouvoir me faire l'écho de leurs hommages en unissant leurs félicitations à celles si légitimes et si nombreuses que vous venez d'entendre.

Vos droits à leur reconnaissance sont largement marqués par les soins assidus et éclairés que vous prenez de la représentation de leurs intérêts, comme délégué près le ministre de la Marine et des Colonies.

Ils s'augmentent encore de la participation importante que vous accordez à la transformation , au perfectionnement de l'industrie coloniale, et au concours actif que vous ne cessez de nous donner.

J'aurais souhaité qu'une voix plus autorisée que la mienne se fît l'interprète des sentiments de nos compatriotes absents ; c'est la persuasion que j'ai d'exprimer ici leurs pensées qui m'inspire et m'enhardit à proposer ce toast :

Les Colonies à monsieur Cail.

TOAST DE M. DUREAU

Directeur du Journal des Fabricants de sucre.

MESSIEURS,

Je n'aurais rien à dire dans cette fête de famille — car par son caractère on peut lui donner ce nom — si une branche de travail considérable dont le journal que je dirige est l'organe n'y était singulièrement intéressée. Je vois autour de moi, à cette table, les ingénieurs les plus distingués de l'industrie du sucre, le personnel le plus aguerri, le plus familier avec l'outillage des sucreries de canne et de betterave; comment, dès lors, ne parlerait-on pas ici du sucre?

Il y a longtemps, Messieurs, qu'on fait du sucre sur les bords du Nil ; on en faisait vraisemblablement avant l'ère chrétienne, et les voyageurs du xive et du xve siècle rapportent qu'à cette époque la canne était cultivée dans toute la Nubie et en Egypte, d'où elle fut apportée en Sicile pour passer plus tard à Madère, à Saint-Domingue, dans les autres Antilles et dans une grande partie de l'Amérique. L'industrie égyptienne du sucre peut, sur cette terre historique, se vanter de sa haute antiquité; elle a, peut-être, été la souche-mère d'où sont partis de si nombreux et si vigoureux rejetons. Mais nous vivons en un temps où la tradition n'a de force qu'en revêtant les formes nouvelles et en se retrempant à la source vivifiante du progrès; et de même que la statue de Memnon rendait un son harmonieux lorsqu'elle était frappée des premiers rayons du soleil, de même l'industrie du sucre en Egypte s'est émue en présence de notre jeune industrie française, et, dès le premier contact, elle s'est trouvée au même diapason.

L'Egypte, Messieurs, n'est plus le pays légendaire et énigmatique dont le temple, si remarqué à l'Exposition universelle de 1867, nous donnait une idée fidèle. On n'y puise plus l'eau à la main par des procédés qui rappellent la fable des Danaïdes ; on n'y porte plus la terre dans des corbeilles ainsi qu'on le faisait naguère, après même que la brouette eût été inventée. C'est aujourd'hui le pays de la vapeur, des chemins de fer, des puissantes irrigations, des grands travaux. Son Altesse le khedive d'Egypte, dont la haute intelligence est ouverte à tous les travaux du génie civil, qu'elle sait si bien apprécier, Son Altesse y laboure la terre avec des charrues à vapeur qui fonctionnent même la nuit, éclairées par des fanaux. Par ce seul exemple, vous pouvez juger des autres progrès accomplis. Après avoir improvisé la culture du coton qui, pendant la guerre d'Amérique, a enrichi l'Égypte, le souverain de ce pays y accroît, dans de vastes proportions, la culture du sucre, et se place, d'un seul coup, au premier rang des producteurs de cette utile denrée. L'agriculture égyptienne est donc fort avancée, et nous connaissons plus d'un pays qui voudrait obtenir des résultats tels que ceux qu'on est parvenu à réaliser dans une contrée où, si l'on rencontre des momies, images de l'immobilité du temps qui n'est plus, ce n'est certes point dans les champs de canne du khedive ni dans ses ateliers à sucre.

C'est dans la Haute-Égypte, sur la rive gauche du Nil, que

se trouvent les usines à sucre du khedive ; elles sont au nombre de sept, toutes installées par l'habile maison dont nous fêtons ici le digne chef, et peuvent produire ensemble trente millions de kilogrammes de sucre, soit un chiffre triple de ce qu'il était il y a peu d'années. Voilà les merveilles de l'art moderne, voilà ses monuments qui, animés d'une sorte d'existence, font vivre aussi, fécondent le sol, assurent aux populations le bien-être, l'amélioration morale et intellectuelle, et qui seront, il faut l'espérer, encore plus durables que les nécropoles de pierre d'un autre âge; car, suivant la belle expression de Bernardin de Saint-Pierre, les pyramides s'en vont en poudre, alors que les graminées du temps des Pharaons subsistent encore.

L'industrie française, qui a depuis si longtemps une supériorité incontestable en tout ce qui touche à l'extraction et à la fabrication du sucre, peut revendiquer la gloire de ces nobles créations industrielles, qui sont la marque de notre siècle et l'un de ses titres à la reconnaissance des générations futures. En effet, d'où sont sorties ces magnifiques usines centrales, l'orgueil de la Guadeloupe et de la Martinique, et l'espoir d'une foule d'autres colonies, si ce n'est d'ateliers français, des mains d'ingénieurs et d'ouvriers français? Qui a conçu leur organisation économique, appelée à régénérer et à sauver nos colonies à sucre? La récente nomination de M. Cail comme délégué de la Guadeloupe répond suffisamment à cette question, et est un éclatant témoignage des services de tout genre qu'il a rendus à nos colonies ; honorer ainsi un de nos industriels, c'est honorer la France.

La fabrication du sucre se généralise partout, et il est peu de pays où elle ne soit plus ou moins répandue. A qui, nous le demandons, les étrangers s'adressent-ils lorsqu'ils veulent s'initier à cette branche de production, si favorable au développement des intérêts agricoles? A la France, Messieurs, rien qu'à la France. C'est à elle qu'ils demandent les conseils, les hommes et les machines ; et nous ne pouvons oublier que nous avons ici les chefs d'une maison qui a contribué plus qu'aucune autre à cette réputation d'habiles ingénieurs et d'excellents fabricants de sucre que nous avons dans le monde, réputation que personne, non personne ne saurait nous enlever.

Messieurs, je termine en buvant aux succès et à la double distinction si bien méritée que M. Cail vient d'obtenir.

Au grand industriel qui, en Égypte et en Belgique, vient de porter si haut le drapeau d'une des plus belles industries de notre pays !

TOAST DE M. COLLIGNON

Directeur des Ateliers J.-F. Cail & Cᵉ.

Laissez-moi, au nom de mes camarades les ouvriers et employés des bureaux et ateliers, remercier notre digne chef des paroles qu'il leur a adressées.

Oui, nous nous considérons tous comme des soldats de la paix.

Mais si nous luttons vaillamment, c'est que nous sommes sûrs que le drapeau est tenu d'une main ferme.

C'est que nous sommes sûrs que le général est vigilant; que, toujours à son poste, il y reste le dernier.

C'est que nous sommes sûrs qu'il ne se donne ni repos ni trêve, s'informant des services de chacun, organisant la hiérarchie et la discipline en raison de la capacité montrée et des besoins reconnus.

C'est que nous sommes sûrs que, dans notre intérêt commun, il est sans cesse appliqué à la solution du grand problème d'aujourd'hui : vivre en travaillant, problème bien autrement compliqué que celui des anciens jours : mourir en combattant.

Tous les matins en se levant, tous les s oirs en se couchant, nous savons qu'il ne se pose qu'une question, toujours la même : Comment garantir la campagne prochaine à cette armée pacifique dont le corps principal est à Paris ; dont les détachements sont à Denain, à Valenciennes, à Douai, Bruxelles ; dont les éclaireurs et les hommes d'avant-garde, souvent les fils mêmes de notre chef, parcourent nos colonies, l'Amérique espagnole, la Russie, l'Égypte, prodiguant leurs efforts, risquant parfois leur vie, partout où il y a à susciter un progrès, partout où il y a, comme récompense de cette initiative, du travail à recueillir pour nous.

Ce travail, nous sommes doublement fiers de l'accomplir.

Comme ouvriers, nous tâchons de donner à nos machines la beauté d'exécution qui était autrefois le partage exclusif de ceux qui, seuls, se prétendaient artistes.

Comme citoyens, nous savons que notre labeur n'est pas infructueux, et que par notre coopération sous une direction vaillante, chacun de nous contribue, pour sa part, à l'émancipation générale.

En Orient, nous aidons un souverain éclairé à tuer à coups de machines des préjugés qu'on n'aurait jamais pu y tuer à coups de canon.

En Amérique, on disait que l'abolition de l'esclavage ruinerait les colonies : triste erreur qui rattachait la richesse d'en haut à la servitude d'en bas.

Ce préjugé est mort.

L'outillage dont notre chef a armé les usines centrales l'a fait disparaître à jamais.

Avec la liberté et le progrès, la prospérité est revenue.

Ainsi soit-il, maintenant et toujours.

Je bois donc à notre chef, à la famille dont il est le modèle vénéré ;

A sa seconde famille, celle de ses collaborateurs qui, pour lui, se rattache par tant de liens et d'affections à sa famille naturelle ;

A notre union, image et symbole à la fois de l'union des entrepreneurs et des ouvriers !

TOAST DE M. ALFRED GAIL, FILS AINÉ

Merci, mes amis!

Merci pour moi et pour mon frère, souffrant loin de nous, de ce que vous avez dit d'affectueux.

Merci, surtout, d'avoir placé sous nos yeux notre père comme modèle et patron.

Une sympathie telle que la vôtre impose des devoirs.

Nous tâcherons de les remplir.

Dès aujourd'hui, je vous le déclare, en notre nom à tous deux, et en empruntant la formule de notre engagement à notre grand hymne national :

> « Nous entrerons dans la carrière
> « Quand nos aînés n'y seront plus ;
> « Nous y trouverons leur poussière
> « Et la trace de leurs vertus ! »

TOAST DE M. ÉMILE CAIL

Neveu de M. J.-F. Cail.

MESSIEURS,

Permettez-moi de venir exprimer ici tous nos regrets de l'absence de Madame Cail.

Vous le savez, Messieurs, dans des circonstances analogues, nous aimions à la voir présider ces fêtes ; elle mérite, en effet, une grande part dans les honneurs que nous rendons aujourd'hui à Monsieur Cail ; animée des mêmes sentiments et du même esprit, elle a été son collaborateur le plus dévoué.

En ce moment, loin d'ici, elle accomplit une œuvre de dévouement qui tient fort à son cœur de mère ; sans quoi, j'en suis sûr, elle eût été heureuse de se trouver au milieu de nous.

Permettez-moi donc, Messieurs, de porter la santé de Madame Cail, et de lui exprimer les vœux que nous faisons tous pour que son dévouement ait encore une fois sa récompense.

A Madame Cail !

Les chaleureux applaudissements qui ont accueilli ces quelques paroles ont prouvé, plus que ces paroles mêmes, que les sentiments qu'elles exprimaient étaient profondément ressentis par tous, et ont montré combien Madame Cail était entourée d'affection et de sympathie par toutes les personnes présentes à cette fête.

99

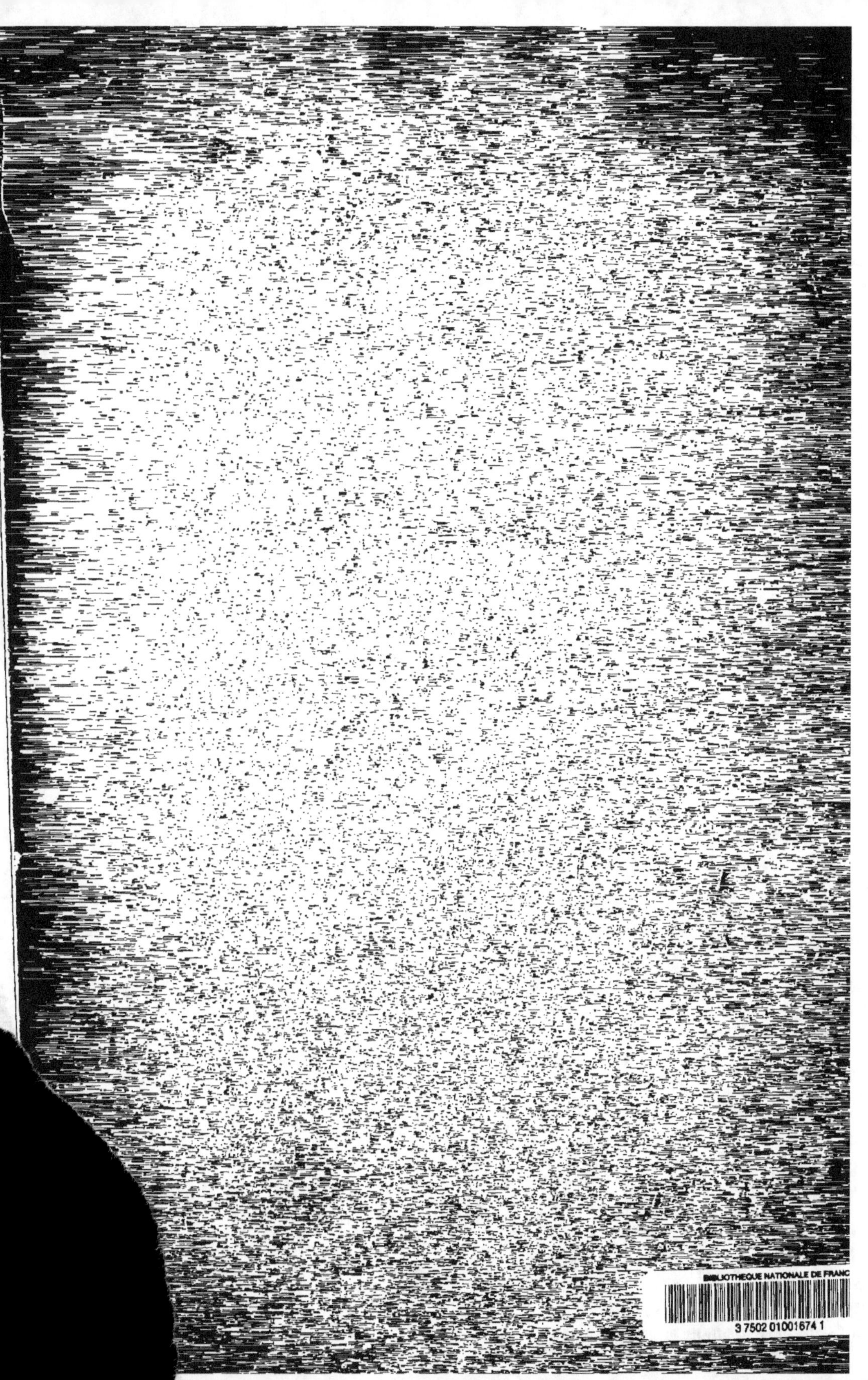